AF219957

Christian Hofmann

präsentiert:

AUCH DEPRESSIVE KÖNNEN ...

... WITZIG SEIN ?!?!

BONUS-MATERIAL
AUS DEM SAMMELWERK Seite 101

KAPITEL 1:
AUCH DEPRESSIVE KÖNNEN WITZIG SEIN?!

AUCH DEPRESSIVE KÖNNEN WITZIG SEIN
DR. UNPROFESSIONELL
DAS ANWESEN DER ~VILLA HEITERKEIT~
EXPERTEN UND AUCH TALENTE

VERNGÜGEN
DER ~BESONNENE STUDENT~
GESCHÄFT IST GESCHÄFT
WITZIGKEIT IM GLAS EINFANGEN

GEKOMMENE ZEIT
HANDERKS-ZAUBEREI
HOCHWASSERRAND
DRINGLICHKEIT

ACH DU HEILIGER FRANZ!
AUFGEDECKT: ENTSCHWÖRUNG!

BIMMEL – BAMMEL –BEMBEL
MUH!

HERGESTELLT
EY, LACH MA!

AUCH DEPRESSIVE KÖNNEN WITZIG SEIN?!

Auch Depressive –
Können witzig sein!
Auch Depressive sind –
Unterwegs, wie allgemein!

Auch Depressive –
Sie können lachen!
Auch sie können –
Lustige Sachen machen!

Auch Depressive –
Sie haben einen Sinn für Humor!
Sie lachen hin und wieder, herzhaft!
Dies stelle sich mal einer vor!

Auch Depressive –
Sie haben eine Farbenwelt!
Auch sie setzen mal ein LIKE –
Wenn ihnen etwas gefällt!

Auch Depressive –
Sie gehen Tätigkeiten nach!
Auch sie schlafen –
Und werden mit dem Wecker wach!

Ich selbst als Depressiver,
der da doch nun weiß –
Hinter so manch einem Vorhang –
Da läuft echt ein depressiver Scheiß!

In den besten Familien –
Unternehmen und Betrieben!
Da herrscht ein redlich depressives Treiben!
Und diese Spuren sind geblieben!

Auch ich als Depressiver,
fühle, lebe, lache und weine!
Wäre die Welt doch „ach so fröhlich", dann
gäbe es nur Clowns! Doch tut mir leid –
Ich sehe keine!

Ja, auch Depressive –
Leben, nehmen sich mal auf den Leim!
Sie sind nah dieser verrückten Welt
Und sie nehmen am Leben teil!

DR. UNPROFESSIONELL

Wieder einmal so –
Schlechthin
Steht im Buch hier über –
Das Amt für Arbeit etwas drin!

In meiner Zeit der –
Arbeitslosigkeit
Da dachte ich mir; „Es geschieht
wieder Kurioses und Allerlei"!?

Wieder mal, nicht wenig überrascht
So stellte ich fest
Bei manchen Dingen,
da staunte ich nicht schlecht!

Als da der
Vermittlungsvorschlag kam –
„CORONA-TESTER" –
Am Parkplatz von einem Einkaufsmarkt!

So von der Sache her –
Hatte ich damit kein Problem
Außer halt mit folgendem:
Und dem finanziellen Untergehen!

Ich als Dr. Unprofessionell –
Sollte Wattestäbchen
In sämtlichen Nasen einführen
Ganz schnell! Unkonventionell!

Am Supermarktparkplatz –
Direkt angrenzend an einer Drogerie
Über dieses ausgefallene Stellenangebot –
Verfasse ich lyrische Poesie!

Ich, als jeglicher Laie –
In der Form aller Medizin
Soll doch „nur" laut Stellenbeschreibung;
TESTEN und nicht spritzen ein Vakzin!

Das Stäbchen führen,
in so manche Nasen
Beginne ich doch gern mit den –
„Alteingesessenen Amtshasen"!
Ordentlich mal ausgeholt!
Tiefer Fehlschlag! Es wird wiederholt!
Bei allem was man über CORONA –
Denn nun spricht und weiß, in einer Sache
Da bin ich mir, ganz sicher! Das Virus befällt
das Hirn, besonders bei den „ganz hellen
Lichtern"

DAS ANWESEN DER ~VILLA HEITERKEIT~

Auf dem Anwesen der „Villa Heiterkeit"
Dort gibt es viele Streuobstwiesen
anzusehen, es geschehen Dinge dort –
Zu jeder, wirklich jeder Tageszeit!

Morgens schon in aller Früh
Da geht der Hausherr in den Stall
Dort trinkt er selbstgebraute Brüh'
Der erste Stich, ein leichter Knall!

Dann zieht er weiter –
Raus bis auf die Weide
Dort gräbt er an Ort und Stelle,
bei den Pferden aus – den Apfelkorn!

Leicht „bedüdelt" und angeheitert,
schleicht er dann ins Haus zurück
Dabei denkt er sich; „Mein frühes Tröpfchen
merkt ja keiner, welch ein Glück"!

Doch auch der Gärtner –
Er ist auf der List!
Beobachtet und schaut,
bis der Hausherr wieder im Haus drin ist!

Dann zwitschert der Gärtner –
Einen kleinen feinen Obstbrand hinter
seinem Gartenzaun! Denkt sich dabei; „Zu
dieser frühen Stunde, wird niemand mir
zuschauen"!

Auch die Gemahlin, die feine Dame –
Sie ist gar nicht dumm
Genehmigt sich beim „Kontrollgang", immer
Cocktails mit ordentlichem Schuss Rum!

Die Tochter dann zum Reiten geht –
Immer mit ihrem Paket!
Wodka, Whisky, Biermixgetränke!
Zum Mahl kehrt sie ein in die
„Gutshausschänke"

Doch an diesem Tag, wie es denn –
Nun mal der Zufall will
Trafen sie sich alle vor dem Schrank,
beachteten einander nur still!

Zur selben Zeit, dies kam so –
In dieser Form noch niemals vor!
Griffen alle zugleich zu den Lutschpastillen –
Doch der Pfefferminzbehälter, der war leer!

Nun hat der,
der fürs Auffüllen wohl zuständig war –
Einen ebenso süffigen Tag –
Aber von dort an, kein leichtes Leben mehr!

EXPERTEN UND AUCH TALENTE

Ich arbeitete mal in –
Einem Betrieb zwar hierzulande
Da war der Eine, bekloppter –
Als der Andere!

Das leicht gestörte und
Auch empörte Betriebsklima –
Es war unterste Schublade!
Gebrochene Kante!

Es war natürlich, via Zeitarbeit!
Konnte ja, auch gar nicht anders sein!
Zum Fest dieser Feierlichkeit –
So verfasse ich nun diesen Reim!

Da waren wahrlich Experten am Werk!
Ohne Frage auch Talente!
Da war so manche Ware einfach Ausschuss
Arsch und Kopf – regelrecht am Ende!

Auch vom Arbeitsamt, da wurden doch –
Viele dieser Menschen auch geschickt!
Ob gefährliches Halbwissen oder
Dummschwätzer! Es ging in die Fabrik!

Bei dem Einen, liefen zu Hause – Hasen
durch die Wohnung, entlang vom Flur!
Bilderrahmen ohne Bilder hingen da!
Doch bei ihm, von Verwirrung – nicht die
geringste Spur!

Ein Highlight war auch –
Jene Dienstfahrt schlechthin!
Mit diesem Naturverbundenem –
Bei dem ich mitgefahren bin!

Dieser musste zur Spätschicht –
In eine Eisengießerei, nahe am Wald!
Da ertönte von ihm; „Da! Da ist mein
Zuhause, nicht diese „Bumsbude" –
Mein Wald, ich komme bald"!

Um den Text nun abzuschließen
Von dem Lachen eine Träne noch vergießen!
Das Beste zu allem Verdruss –
Ich doch jetzt noch erwähnen muss:

Diese Momente bescherten doch, so viele
lustige Zeiten
Viel „Textstoff" vielleicht folgen noch
Geschichten, auf den nächsten Seiten…

VERNGÜGEN

Zum Ferienspaß auf Rügen
Der Arbeitgeber muss mir –
Lohn und Gehalt vergüten
Zum Erbring von meinem Vergnügen!

Angekommen auf Rügen
Mit Bus, Bahn und Schnellzügen
Rein ins Vergnügen!
Reisetasche erst einmal aufs Stübchen

So machte ich meine Streifzüge
Im vollen Genuss, in besten Zügen
Ferienspaß auf Rügen –
Je später der Abend, je heiter das
Vergnügen!

Irgendwann zur Mitternacht
Ging es dann zur Wörterschlacht!
Ich muss aufs „Stübgen" hatte mein
„Verngügen", auf der Insel „Nügren"

Sie verstehen schon, was ich wohl meine –
Verngügen hier auf „Nügren"
Jest muss ich schlafn gähn, ins Stübgen
DAS WAR: Die erste Nacht auf Rügen!

DER `BESONNENE STUDENT´

Letztens auf der Straße in der Stadt –
Da passierte mir folgendes in der Tat!

Ein junger Mann sprach mich an –
„Entschuldigung, hast du mal 1 Euro"!?
Ich sagte, wie es um mich stand!
„Tut mir leid, lebe selbst gerade vom
Arbeitsamt"!

So dachte ich, zu Ende ist das Gespräch
Doch dann holte er erst aus und ich hörte
ihm aufmerksam zu
Und er erzählt;

Er ist ein Student und studiert Wirtschaft
Das System läuft verkehrt –
Und er meinte, dass er zum Verändern die
Schlauheit besitzt und die Macht hat!

*Beim ersten Satz, dachte ich noch, ja da
hat er recht!*
*Aber ab dem zweiten Satz, wurde es lustig
abstrus, mal ganz echt!*

Und er erzählte weiter;

Er besitzt die Schlauheit, und diese ist seine
Stärke!
Wenn er etwas ändern möchte, dann wird er
auch energisch!

Und so seine Worte – Weil Gott ihn so sehr
liebt, lebt er von einem Freund, welcher ihm
50.000 Euro leiht, nur nicht gerade –
Raten Sie mal! Natürlich nicht heut`!

Er fuhr noch fort und sagte, er habe Draht zu
hohen Tieren aus dem Bundestag und er
plädiert dazu, mit energischem Willen –
Jeder Bürger bekommt 8700.- € im Monat!
Denn Hartz Vier würde uns, ja alle killen!

So ging er schon einen Schritt auch weiter
Ich dachte mir; Das Gespräch ist ja ganz
heiter! So sagte er zum letzten Wort –
Morgen habe ich die 50.000 Euro!
Gibst du mir heute nur 1 Euro –
Gebe ich dir morgen davon 2.000 Euro, an
dieser Stelle an diesem Ort...

Noch einmal, so zitiere ich ihn;
~ Er sei von Gott prämiert ~
~ Gott hat mich halt besonders lieb ~
Er habe darum sehr viel Glück mit des
Freundes 50.000 Euro – der ihn unterstützt

Und siehe da, in der Tat
Traf ich ihn wieder in der Stadt
Ohne dass ich ihn etwas fragen konnte –
Fragte er; Hast du heute 1 Euro!?

Und ich dachte mir,
ach, komm ich gehe weiter!
Auf das Gespräch von letzter Woche
Habe ich weder Lust oder die Zeit noch
hier!

So sagte ich; „Bedauere ich muss auch
schnell weiter", sagte ich im Vorbeigehen
Ich bin schon sehr gespannt, ob ich diesen
besonnenen Studenten noch einmal
wiedersehen werde!

GESCHÄFT IST GESCHÄFT

Um mich nicht, allzu vornehm,
zu förmlich – hier auszudrücken –
Verwende ich auch zwischendurch,
herkömmliche, umgangssprachliche Mittel

Die feine Dame und auch der Herr –
Müssen beim *>müssen<* in die Hocke bücken
Dass der Stuhlgang fällt!
Auch er im Seidenhemd, bei geradem
Rücken!
Auch die Dame, welche da sitzt im Auto
Und fährt in ihrer noblen Karosse!
Sie muss unterwegs mal pinkeln!
So fährt sie raus zum Pissen, ist am Blinken!

Auch der Herr im Schlips und Kragen
In seinem Ansehen, im Herrenhaus –
Hat dort das „Stille Örtchen" – und lässt er
Überschüssiges in die Schüssel raus!
Ob vornehm oder bäuerlich, ganz gleich, -
in welchen Klassen man auch lebt!

Geschäft ist Geschäft! Es stinkt!
Es wird gespült –
Egal, auf welche Toilette man auch geht!

WITZIGKEIT IM GLAS EINFANGEN

Mein Leben es läuft –
So recht bescheiden!
Doch, um der Fröhlichkeit Willen –
So will ich es mal so beschreiben!

In einem Fitnessstudio so beispielsweise
Dort ja, Muckis sind zu trainieren
Dort diene ich auf jeden Fall – um für den;
VORHER-EFFEKT zu posieren!

Auch zur Gleitflugvorführung stehe ich –
Ganz gut so dar, für diese Flugstunde
So wie das Parkplatzschild für Autos,
also festgewurzelt, des Zwecks – so fremd
im Grunde!
Denn was du mir nicht ansehen kannst –
Ist das Leiden meiner Höhenangst!

Auch der nächste Vergleich,
dieser trifft es regelrecht –
Ja! Ganz ehrlich und im Ernst,
wirklich, überhaupt nicht schlecht!

In der Obst- und Gemüseabteilung
Für – Herkömmlich – Bio – Natur
Da diene ich als Ansprechpartner,
als lediglich in Form einer, werbetreibenden
Pappfigur!
Denn mein Wissen über pflanzliches –
Lebensmittelgewächs
So glaube mir, dies mich doch –
In aller Kunst verlässt!

Besäße ich denn also,
einen Hauch nur an Witzigkeit –
So würde ich sie glatt in einem Glas
einfangen –
Und hätte sie mir fürs Kettenlachen, doch
längst schon um meinen Hals
gehangen

Ich bin bloß ein Depressiver!
So suche ich in der Welt doch Humor
Denn in meiner Tiefgründigkeit,
gründlich gesucht, er kommt nicht vor!

GEKOMMENE ZEIT

Witzig zu wissen ist,
bei dem was ich weiß
Diese Freudigkeit zu lüften,
ist es noch nicht an der Zeit

Ob diese Zeit auch –
Jemals denn kommen mag,
dies ist und bleibt mir ungewiss
Doch lache ich für mich an manchem Tag!

Das Lustige –
An dieser ganzen Witzigkeit,
diese nimmt kein Ende!
Bis zum Tag, der gekommenen Zeit!

So schreibe ich hier meiner –
Belustigung halber – dem Zweck
Verrate aber nichts!
Ich lache! Doch halte ich es noch bedeckt!

So sitze ich da, schlürfe meinen Cappuccino,
im Radio da läuft Holm's – Mendocino
Ich lache und grinse am heutigen Tag
Man es mir nicht verübeln mag!

Ich muss halt mal kräftig lachen diesen Tag
Ich bin sogar den Tränen nah!
Depressive können nicht witzig sein,
ich korrigiere, dies ist nicht wahr!

Denke ich immer weiter und genauer,
noch darüber nach – oh weh!
Aufhören zu lachen –
Kann ich, ja gar nicht mehr!

So behalte ich diese Lustigkeit
Doch stets, ganz und gar für mich!
Bei aller Dunkelheit und auch
Bei dem hellen Tageslicht!

HANDWERKSBAUBEREI

Er war schon immer – kein –
Ausgezeichneter technischer Zeichner!
In der Mechanik aller Technik,
da ist er auch kein weiser Meister!

Doch lediglich einen Badespiegel –
An die Wand wird er schon bekommen!
So dachte er, machte sich an die Sache –
War auch ganz wohl besonnen!

So bohrte er ein Loch
In die stabile aus Beton gebaute Wand
Es war zu groß! Der Dübel der, welcher im
Loch, doch regelrecht ins Nix verschwand

So bohrte er noch eines gleich daneben
Was man, ja auch machen kann
In diesem verkeilte, irgendwie der Dübel!
So er dieses Loch nicht verwenden kann!

Das Ende des Schlamassels
Die Fertigstellung dieser, eigen
Hausmeisterei – 5 Löcher in der Wand, doch
der Spiegel hängt! Zwar etwas schief, doch
sagt er mit Humor;

„Es ist Handwerks-Zauberei"

„Vom Stromkasten und vom
Kabelverlegen halte ich mich lieber fern"!
Sagte er,
zu empfehlen war es ihm auch sehr!

Doch Blut geleckt und
Auch voller Tatendrang –
Machte er selbstsicher sich nun –
An die tropfende Heizung dran!

Das Ende, des Ergebnisses –
War an diesem Tag: Werkzeug und
Materialverschleiß, der Schaden war nach
Handanlegen, doch noch höher als erwartet!

HOCHWASSERRAND

Würde das Flugzeug –
Nicht fliegen können
So wäre jeder Flug,
lediglich nur Lug!

Fehlte der Schlauheit –
Das Schlaue in aller Ganzheit!
Bliebe dann – kurz um
Nur laue Dummheit!?

Auf welche Theorie –
Ich bei allen Theorien hier stoße!
Vielleicht habe ich eine Schraube locker!
Keine kleine, sondern eine lose große!

Experiment, Element
Experte am Ofen! Die Bude brennt!
Elefant, wahrhaft stand an der Wand
Vom Hochwasserrand!

Jetzt werde ich Banane!
Jetzt matscht hier meine Birne!
Ich schreibe zu oft, ich schreibe zu viel!
Ich schreibe einfach allzu gerne!

DRINGLICHKEIT

Um doch mal in Ruhe –
Texte zu verfassen,
so stellte ich mich an den Straßenrand
Ein Parkplatz gelegen, nahe am Waldesrand

Ich schrieb und schrieb –
Doch plötzlich drückte sie in aller
Dringlichkeit, die Blase!
Es war an „höchster Zeit"!

Und so stellte ich mich,
an eine doch, so schien es mir –
Ruhige Stelle, eines Bessren aber,
belehrten sie dann mir;

Plötzlich strömten Fußgänger!
Fahrradfahrer, Wanderer –
Auch dabei, Spaziergänger!
Ich dachte; „Kann doch nicht sein"!
Als die Blase noch nicht drückte –
Stand ich mindestens, eine Stunde ganz
allein!

Na, wie der Zufall es so will
Bewegten sich da Leute –
Und meine Blase, sie drückte,
spürbar und ganz still!

„Tja"! Dachte ich mir, was solls!?
Warte ich noch einmal halt 10 Minuten!
So lange, kann die Blase noch innehalten!
Pah! Pustekuchen!

Keine ganze 10 Minuten –
Konnte ich mehr durchhalten!
Ob Leute oder nicht!
Ich stehe ja, im Walde!

Als die Dringlichkeit –
Des Geschäftes dann getan
Lief keine Menschenseele mehr vorüber!
Sicher! Sowas ist doch klar!

Durch das blöde Corona-Zeugs
Desinfektionsmittel, sicher ja dabei!
Hände kurz erfrischt, mit leerer Blase dann
Ging weiter meine Schreiberei!

ACH DU HEILIGER FRANZ!

Gesplittert und verloren ist –
Der allfarbliche Glanz
Oh, je welch ein Schreck! Oh, weia!
Ach du heiliger Franz!

Das Weihnachtsgebäck wird gebacken –
Es brennt der Adventskranz
Oh, jemine, welch Schrecken! Oh, weia!
Ach du heiliger Franz!

Er spielt mit dem Feuer, denn er will es
spucken, weil er ja denkt – er kann´s!
Ach, du dickes Ei! Feuer! Ein Feuer!
Ach du heiliger Franz!

Die Mosel läuft über und die
Hose ist hinüber, Nerven liegen blank, in
dem Haus von Hans!
Oh je, oh je – ach du heiliger Franz!

Der Kater, er läuft und macht freudig *miau*
Der Betonmischer sieht nicht den Kater
Hans! „Quieetttssccchhh" „Zzzsccchhh"
Autsch! Autsch! Ach du heiliger Schwanz!

AUFGEDECKT: ENTSCHWÖRUNG

Überlebte Weltuntergänge und –
„Gib der Apokalypse eine Chance"!
Aliens und Hybride – man gönnt sich ja auch
sonst nix! Wir steuern in eine Art Trance!
Prophezeiung und Außerirdische
Jeder diese Strophen, Verheißung –
Ist eine intergalaktische –
Unterirdische!
Mumien die in Pyramiden liegen
Sind sie als Zombies zurück unter uns!?
Furcht und Angst vor Digitalisierung und
elektronischem Pass brauchen sie ja nicht
haben! Denn sie besitzen – Überlebenskunst
Sozialer Abstieg ist bei ihnen kein Thema!
Haut und Haare längst vermodert über alle
Knochen! Hartz Vier und Krankenpflege-
Versicherung, wurde ihnen nicht
ausgesprochen!
Den Einhörnern und Apokalyptischen
Reitern, ihnen fehlen Zacken an der Krone!
Sie baldowern mit Politikern, Ohren bluten –
Weiße Fahnen werden gehoben!
Coronavirus, Impfung – uns wächst ein
Arschgeweih, menschliche Modifizierung
Da ging was schief! Oh du dickes Ei!

BIMMEL – BAMMEL – BEMBEL

Bimmel – Bammel – Bembel
Für den Klingelbeutel,
jeden Sonntag doch –
in der Kirche die Glocken läuten!

Die Kirchengemeinde sie –
Singt und schließt die Augen
Der Pfarrer spricht das Gebet!
Am Ende der Stunde, nur die Knete zählt!

Der Pfarrer und dazu auch –
Der ganze Kirchenvorstand
Sie machen „Einen drauf" –
Beim Wirt im Hof vom Bräuhaus!

Anstatt zu halten einem gemütlichen,
mit des Spenders Penunzen – Kaffeekranz!
Macht der Vorstand und der Pfarrer,
sich auf zum Rotlicht-Tanz!

Und in den alten Kirchen Gemäuern
Wo die Mönche schon einst brauten –
Da ist die Party, dann im vollen Gang,
sie sind am Saufen und am Tütenrauchen

MUH!

Mitten in der Nacht
Ist der Bauer, Erhard Damm –
Vor Lärm und Krach,
und vollem Schreck erwacht!

Die Kuh auf der Weide am Hang –
Diese hat sich wohl gedacht,
den Sprung aufs abgesenkte Wohnungsdach
Diesen, ja diesen ich wohl doch schaff´!

Nachdem sie dies also nur gedacht –
So hat sie es dann wahrgemacht!
Zur Folge darauf rückte dann an –
Die Feuerwehr, mit Blaulicht + „alle Mann"

Der Kuh nix weiter passiert!
Wird mit Kran und Leiter abtransporTIERt
Tierische Sportstunde in der Nacht, welche
Bauer Damm, hat um den Schlaf gebracht!

Die Feuerwehr rückte ab, morgens um sechs
Die Kuh zum Glück, sie blieb unverletzt!
Nun hat Bauer Damm ein Loch im Dach!
Muh!
Was die Kuh am Bauernhof,
nicht alles schafft!

HERGESTELLT

In Erinnerung aus Schulzeiten
Ist mir in Biologie geblieben –
Dass Menschen Kinder bekommen,
wenn sie sich doch lieben!

Diesen Tatbestand gibt's schon –
Seit vielen, vielen Jahren
An Bedeutung und Sachstand –
Aber ist ihm, seltsames widerfahren!

Damals hieß es –
„Wir bekommen ein Kind"!
Fröhliche Botschaft, Frohe Kunde
Welche man doch überbringt

Im Laufe all der Jahre dann
Gab es kleine Namensänderung
Jede Zeit bringt nun mit –
Ihre gesellschaftliche Veränderung!

Wunschkind, Unfall –
Künstlich befruchtet
Gezeugt oder hergestellt!?
Fehlt bei allem nur ein Bestellcode
In dieser modernen, verrückten Welt!

EY, LACH MA!

Mist gebaut!?
Mehr als nur einmal!?
Schon wieder und nochma?
Ey, lach ma!

In die Scheiße etwa gegriffen!?
Hände nun im Dreck!?
Fehlgriffe, Schieflage – tata!
Ey, lach ma!

Eine dicke Lippe!?
Hals juckt und Haare brennen!?
Total bescheuert!? Ach egal!
Vergiss nicht; Ey, lach ma!

Schwachsinn, Dummheit –
In feinster Kleinigkeit!?
Arsch bewegt sich, die Masse folgt!?
Ach komm, Ey, lach ma!

Wir treten vor den Abgrund!?
Ein Schritt bis zum Untergang!?
Im Leben, das Leben vergeben!?
Ach was soll man, Ey lache ma alle ma!

KAPITEL 2:

DEPRESSIONEN –
OHNE ZU LACHEN!

DER MANN IST GESCHEITERT
FARBENSCHWUND
IM TREIBSAND
MEIN KOPF AM ENDE
HEULSTUNDE
MAISFELDFLÄCHENGROSS

WEITER
KONTROLLPUNKT (Blog an Gott)
VERSENGOLD
WELLEN
OPTISCHES GEMISCH
DU LIEBE DEPRESSION!

DER MANN IST GESCHEITERT

Ich in „Der Mann ist gescheitert"

Alles lief miserabel, katastrophal
Ein Taugenichts,
nichts auf die Kette bekommen!
Leider wahr! Wahrer Rabenvater!

Verbissen, verschlissen
Ehrgeiz und des Willens Einsatz!
Wenn du mich nicht kennst –
Rede nicht über mich, nicht ein' Satz!

Ich kritisiere keinen mehr im Leben!
Jede Negativität führte mich, Jenseits von
Eden
Keine Chance mehr was zu biegen –
Asche, Staub und Dreck, in dem ich nun
liege!

Da sind auch keine Freunde!
Da bin ich, ganz allein –
Nur mit meinen Träumen, mit Visionen
Keiner versteht es, was soll`s auch –
Depressive gibt's Viele und in Deutschland,
da leben ca. 83 Mio.!

Was bin ich schon im Kollektiv?
Nur ein Psycho-Kranker! -DEPRESSIV-
Psychosomatische Behandlung schon
beansprucht
Doch was ich habe, suche, will – keiner,
der es sich anhört, versteht oder anguckt!

Ist es denn wahr –
Ihr Gerede, ihre Aussagen?
Würden sie denn Recht behalten –
Zu meinen Klagen, seit den Kindertagen?

Vom Beginn an, meiner Träume,
meiner Ziele, meiner Ideen –
Schon damals haben sie mich kleingeredet!

Ich konnte leider nie aufblühen!
Mir wurde immer nur gesagt;
KANNST DU NICHT!
SCHAFFST DU NICHT!
VERDIENT MAN KEIN GELD MIT!

Dass ich depressiv wurde,
Trauer trage und auch –
Hass und Wut in mir habe, ist doch kein
Wunder!
Keine Frage!

Es zieht mich so sehr runter!
Jeden Tag immer tiefer!
Und immer, wenn ich denke;
„Läuft gerade mal, dann geht's noch´n
bisschen schiefer"!

Meine Beschwerden derzeit:
Sodbrenne, Reizüberflutung
Schwindel, Tinnitus – Rauschen im Ohr!
Schlafstörung, entzündete Atemwege, alles
akut!

Geschrieben, verfasst am
28. Juli, im Jahr 2021 –
Wie es mit mir weitergeht,
arbeitslos, unruhig – ja es ist fraglich!

FARBENSCHWUND

Rosige Zeiten
Leben –
Bitte, lasse sie blühen
Ich würde gern einmal wieder fühlen!

Mit vernarbter Seele und mit –
Dunkler Kleidung,
durch die Farben des Lebens
spazieren

Im Nebelschweif
Im Alltagsgrau und bei
Schauerregen, mit bunter Kleidung den Tag
verzieren

Alles was ich weiß –
Ist doch, wie ich heiß
Alles schwarz/weiß
Mir wird's echt zu bunt!

Monochrom
Graustufen
Tuschierte Kunst
Trauriger Farbenschwund!

IM TREIBSAND

Die Verzweiflung brennt
Ein Gefühl, das keine Gnade kennt!
Ein Herz in Flammen, 1000 Nadeln –
Welche in die Nervenstränge rammen!

Das Gefühl lässt nicht nach
Mein menschliches Gefüge es liegt brach
Schmerz und Trauer
Lebenskleid – es hält auf lange Dauer!

Und ich weiß, ich muss weg!
Beschwerlich aber, wenn man –
So tief im Schmerzensschlamm
doch steckt!

So geht's einher seit Tagen
Im Wort beschrieben all mein Klagen!
Wo ist ein Ausweg?
Sag mir, was es mal aufhört!

Seit Jahren schon –
In diesem Krisengebiet!
Da hilft keine Flucht, es gibt keinen Weg!
Treibsand – der dich in die Tiefe zieht!

MEIN KOPF AM ENDE

Ich sitze mal wieder hier –
Und verschwende wohl die Zeit!?
Auf der Welt gibt's noch genug zu tun!
Doch ich, mal wieder nur Zeilen schreib'

Mein Lachen ist entfernt –
Alle Wochentage, monatelang schon, ganz
weit! Ich kann mir nicht mehr helfen!
So ich also, wieder Schreibtherapie betreib'

Da sind Fragmente, Momente –
Augenblicke und mein Kopf am Ende!
Ein reines Gedanken-Durcheinander
Alles zusammen, es passt nicht beieinander!

Ich suche immer und immer wieder –
Die Schuld meines Seins bei mir!
Ich muss schreiben den ganzen Tag, 24 Std!
Es tut mir leid! Ich bin kein Arbeitstier!

HEULSTUNDE

Schmerz und Trauer – beleben mein Herz
Ich – kann Tränen weinen nicht!
Für jede Träne – ein Wort,
von meiner Seele spricht

Für – jede Träne – fließt Tinte hier
Mein – Weinen – verfasst im Reim
Und überkommt mich wieder der Druck,
einer jeden Wunde

Füllerfeder, Tinte - aaaahhhh – mmmhpffff –
HEULSTUNDE!

Einer – solcher Texte –
entlastet Stücke der Seele meiner
Last und Schwere –
Der Felsen fällt, ich stürze in Gedankenleere

Worte bluten aus meiner Wunde –
Füller, Papier, Gefühl –
Ooaaarrrrrgggghhhhh!

HEULSTUNDE!

MAISFELDFLÄCHENGROSS

Mein Gedächtnis, meine Merkfähigkeit
Vom Kindergarten bis dato, gerade zurzeit
Mein Vermächtnis, meine Bücher, die ich
schreibe – Auf Gottes rechten Wegen, auf
dass mir noch bitte bisschen Zeit noch bleibt
Ich möchte, wenn es sein muss –
In Maisfeldflächengröße Bücher schreiben!
Kein Ende in Sicht! Hand am Füller,
wie die Tafel einst so voll mit Kreide!

Das Leben und das Schreiben gelernt
Das Schätzen, Lebewesen respektieren
Auch jegliche Kreaturen, welche da durchs
Leben alle spazieren!
Wohin fließen all die Worte?
Wo münden all meine Gedanken?
Hin und wieder benötige ich Pausen!
Um Kräfte wieder aufzutanken!

Zu meinem Leben;
Jedes Trümmerwerk hebt auch –
Stückchen Kunstform hervor!
Dran glauben, festgreifen, festbeißen –
Stärker und intensiver noch als je zuvor!

WEITER

Ich stehe völlig allein –
Bei hartem Wind
Nur Gottes rettende Hand,
die meine an seine nimmt!

Vom Leben gezeichnet
Spuren bestens bekannt
Viele Mal war ich gebrochen, doch
mein Glaube er hält stand

Auf manchen Wegen –
Da war mein Leben hart wie Stein!
So viele Leute waren mal da,
doch gelitten habe ich immer allein!

Probiert, versucht – gescheitert!
Übrig blieb mir nur –
„Junge, gibt nicht auf"! –
„Bleibe dran und mache weiter"!

Bei allem was auch war
Was im Leben auch geschah
Falsche Leute, leere Versprechen –
Davon ist heute nichts mehr da!

KONTROLLPUNKT (Blog an Gott)

Während andere Scheiße „lallen"
Sich mit ‚Alk' die Birne wegknallen –
Tauche ich tief ein in mein Gefühl,
denn ich verfolge stetig mein Ziel!

Bei all dem Frust vor DEpression
Bei all der Wut in meinem Bauch!
Ich glaube! Ich mache weiter! Bleibe dran!
Verdammt! Ich gebe nicht auf!

Jeder Text, jedes Buch,
ist der Kontrollpunkt meiner Schritte!
Lieber Gott, stehe mir bitte weiter bei –
Bitte, bitte – bleib! Bitte!

Diese Zeilen die ich schreibe
Können umsonst doch nicht sein!
Und es gibt jene Weggefährten,
eigentlich bin ich gar nicht so allein!

Gott ich brauche deine Gnade!
Und auch deine liebevolle, barmherzige
Zuversicht, denn mein Leben es besteht aus
Schatten und sie erschweren mir die Sicht!

VERSENGOLD

Wenn mich alles –
Im Leben runterzieht
Wenn im Leben –
Einfach nix mehr geht!

So muss ich wieder einmal mehr –
Mein Leiden beschreiben!
Ich muss reimen, am Schreiben sein
Und auch dranbleiben!

Bei allem Frust
Und in jeder Gewitterfront
Stehe ich am Text –
Ich verfasse mein Versen-Gold

Der Sog, er will mich –
In seine verdammte Hölle ziehen!
Doch ich wehre mich –
Mittels Lyrik und Poesie!

Und dieser wunde Punkt –
So gut kennt er mich!
Freudig bringt er mir die Rechnung!
Aber, diese durchstreiche ich!

WELLEN

Einsame Wellen –
Allein auf einem schönen Flug!
Wohltuend, doch leben –
Kann ich nicht genug!

Nerven kribbeln
Euphorie, Schübe von Adrenalin!
Es ist nicht teilbar, nicht übertragbar!
Mein Leben nicht derer Symphonie!

Einsam –
So wie der Baum im Wald!
Einsam –
Fällt die Flocke in den Schnee!
Eine Träne –
Einsam,
fließt sie ins weit offene Meer!

Wir kommen nicht –
Zusammen an einen Tisch!
Der Fisch im Meer –
So allein, er für sich doch ist!

OPTISCHES GEMISCH

Hier wurde mal wieder –
Gekritzelt und auch geschmiert
Doch, ebenso auch; In feinster Weise –
Geschrieben und verziert!

In der dunkelsten Stunde,
doch das Licht zu finden –
Ist wie jedes Hindernis, auf dem
schwersten Weg zu überwinden!

Die DEpression ist scheiße!
In jeglicher Art der Schreibweise!
Sie schleicht um einen herum
Umhüllt so füllend, ganz leise!

Jede Farbe –
Verliert am Kontrast!
Schwarz/weiß/grau –
Obwohl du diese Stufen, doch so gerne hast!

Ist die Depression –
Wirklich schwarz und trist!?
Ist sie eine Täuschung,
ein vielleicht optisches Gemisch!?

DU LIEBE DEPRESSION!

Wärst du mein letzter Text,
von aller Traurigkeit –
Liebe DEpression, würde ich dich;
Zum Abschied küssen!?
Ich frage dich, würde ich dich sogar –
Schmerzlich vermissen!?

Gabst du mir immer doch
Schmerz, Gründe zum Traurigkeit sein –
Niemals einen Funken Trost!
Gabst du mir auch Gründe zu schreiben –
Wo ich auch war, vielerorts!

Würdest du mir fehlen!?
Wegen dir habe ich ewig diesen Traum vom
-NEUANFANG-
Du bist vertrauter Grund, warum ich diesen
Niemals wohl vollziehen kann!

Du bist da, zu jeder Zeit!
In meinen Gedanken, in meinen Ängsten
In meinen ganzen Nervensträngen!
Du bist da, unter meiner Haut!
So schmerzhaft und so wohlvertraut!

Könnte ich denn leben und atmen,
so ganz ohne dich!?
Dein Trübsal, deine Zweifel, dein Sog –
Verlassen wirst du mich wohl nicht!?

Du liebe DEpression!
Es gibt wohl –
Niemals eine Abschiedsfeier!
Du dreckige Perversion, wir sind wohl –
„Wie der Schwanz und seine Eier"!?

Ist es zu vulgär, obszön im Ton!?
Vergriffen, gar verboten!?
Dann sanft und fein beschrieben –
„Wie der Penis und sein Hoden"!?

Mit kribbelnden Nerven
So fällt die Konzentration bei jeder ARBEIT
schwer!
Doch es versteht keiner!
Und das Schreiben ist Medizin!
Meine Berufung!
Aus diesem Grund folge ich auch ihr!

KAPITEL 3:

PROVOKANT-VERFASSTE
SCHREIB-~~VERNICHTUNG~~
DICHTUNG-RICHTUNG

GEKRITZELTES MONDGESICHT
SCHLECHTE NACHRICHTEN
DYSTOPIA
DA! SCHAU!
KINDLEIN

GEKRITZELTES MONDGESICHT

Er naschte unterwegs,
von dem er"hasch"ten Keks!
Diese Teigwaren mit gewisser Substanz –
Dies sind doch so seine!
Er fürchtet weder Verstopfung, noch
Gallensteine!
Um die Gemüter aber –
Später einmal zu erhitzen
So ließ er es am Klo laut –
Donnern, poltern, krachen und blitzen!

Mit bunten Pillen noch dazu
Ist er doch des Lebens auch farbenfroh!
Kommt er aber kreidebleich
Und auch torkelnd von dem Klo!
Selbstgespräche führt er auch
Vor einem gekritzelten Mondgesicht
Merkt er doch ganz und gar nicht –
Dass allein, er vor diesem sitzt!?

Provokant und kontrovers?! Ach was!?
Denn wenn man über Betrunkene auch
lacht... sollte man dies auch über
Drogenopfer!?

SICHER NICHT!!!

SCHLECHTE NACHRICHTEN

Schlechte Nachrichten –
Sie verkaufen sich so gut!
Je mehr Dramatik, Gehacktes
Und mehr von frischem Blut!

Scharfe Schüsse die treffen
Menschliches Leid und Quälerei
Nuggets und Filets –
Gern auch Teile vom Tier dabei!

Lüsterne Mordspiele
Ja, der Mensch er ist perfide!
Hauptsache: SCHLAG dann: ZEILE
Wer steht uns bei, und macht diese Welt
wieder heile!?

Fleischklößchen oder doch –
An einem Stück!?
Der Mensch geht weiter –
Er denkt nicht vor, nach und nicht zurück!

Die Fleischlust sie vertreibt eine Menge
Spaß! Kummer gegen Langweile!
Nachdenken? Wozu!
Der Horror fegt in Windeseile!

DYSTOPIA

Mord, Missbrauch, Verbrechen!
Geile Gesellschaft – uns geht's doch gut!
Tod, Krieg, Terror!
Feuerwerke, Feierlichkeit –
Vor der Asche kommt die Glut!

Gewalt. Verletzung, Misshandlung!
Partynächte jederzeit!
Gier, Hass, Neid und Macht!
Feiert, feiert! Ohne Vernunft!
Lasst euch aus in jener Nacht!

Missgunst, Wut, Zorn, Aggression!
Ein buntes Treiben!
Untergang, Schmerz, Trauer, DEpression!
Auf der letzten Stufe tanzen –
Dann ist Sense Endstation!

Verdammt!
Zur Hölle ja –
Selbstgeschaffenes Dystopia!

Verdammt!
Zur Hölle, sie ist da!
Der Teufel begrüßt Dystopia!

DA! SCHAU!

Da! Der Penner!
Er lungert auf der Straße rum!
Spotten und Finger zeigen können wir alle!
Fragen in der Regel nie aber, WARUM!?

Da! Schau!
Der Idiot, er sammelt Dosenpfand!
Grinst hämisch der, der dann ein Knöllchen
kassiert, weil im Halteverbot er stand!

Er dreht freudig in seinem –
Schreibtischstuhl seine Kreise!
Wieder einen übers „Ohr gehauen, über den
Tisch gezogen"! Versicherungstypen und
Personaldienstleister sind scheiße!

Guck mal der!
Löchrige Hose und bunte Haare –
Der hat einen „Iro"-Verschnitt!
Assi-Punker, der die Kippe schnippt!

„Guck dir noch mal unsern Nachbarn an"!
Pool im Garten, Auto neu – am Übertreiben!
Hat der im Lotto gewonnen oder was!?
So viel verdient er doch nicht mit Arbeiten!

KINDLEIN

Hallo, ihr lieben Kinder!
Schlaft ihr alle schon so brav,
in der Dunkelheit zur Mitternacht!?

In so später Stunde,
da beginnt meine Zeit, meine Runde!
Liebes kleines Kindlein –
Mach schon die Augen zu und schlafe ein
Deine geschlossenen Augen –
So teilen wir die Zeit gemein!

Ich bringe Verderb! Ich bringe Angst!
Ich bringe Leid! Ich bringe all das –
Was du dir nicht allein erträumen kannst!

Ich bin das Elend! Ich bin die Not!
Ich bin verdammt!
Ich bin dein übelster Traum –
„Nightmare" auch genannt!

Kindlein, Kindlein –
Schlaf ein!
Mr. Nightmare wird bald schon –
Bei dir sein!

Liebes Kindlein, so schlafe ein!

Mein ach, gar so übler Hauch –
Er zieht ein durch deine Haut!
Du schläfst im geschlossenen Raum!
Mein Kindlein, ich bin dein Albtraum!

Ich verleite dich!
Ich verderbe dich!
Ich ernähre dich!
Ich, ich mag nur dich!
Ich, ich bin in dir –
Durch dich, ja durch dich
So lebe ich!

So zerbrechlich
So klein und fein –
Mein ach so geliebtes
Kleines Kindlein!

Ich wüte!
Ich greife, ich hasse!
Mein Kindlein, dich –
Ich nicht mehr verlasse!

KAPITEL 4:

ÜBERFLÜSSIG ODER DOCH KUNST FÜRS „ERSTMAL AUFBEWAHREN"...

BEIM SCHREIBEN DIESES BUCHES
HIMMELSKLEID
TIERISCHES VERGNÜGEN (Kindertext)
DEIN

LITERARISCHES GEBET
IN DENSELBEN TAG
ABTAUCHEN
GERADERÜCKEN

PFERD & SEGEN
WELTRÄUMLICH
KEINE FRAGE
MÄUSETANZ (Kindertext)

JOHN AUS LUXEMBURG
MELODIEN

DIE BIENE, HONIG MACHT
NR.16 – KAPITEL 4

VOM HAUS AUS
MIT DEN STRICHEN

MONSTERHAFTE FRATZEN
SATANS KRALLEN

BEIM SCHREIBEN DIESES BUCHES

Es ist seltsam, fast schon etwas Ironie
Auch etwas witzig vielleicht –
Zu Beginn beim Schreiben dieses Buches –
Meiner Gedanken- und Gefühlspoesie

Auf dem Notizbuch, welches ich gerade –
Jetzt und hier auf der Seite beschreibe
Da steht *~Do whatever makes you happy ~*
Und so, verfasse ich wieder meine Reime

Mit schlechtem Gewissen
Mit Herzrasen, mit Gewissensbissen!
Ich verfasse dieses Buch gegen Ende meiner
Arbeitslosigkeit, ohne wie es weitergeht – zu
wissen!

Schwindel, Übelkeit – Doch ich kann;
NICHTS gegen mein Schreiben tun!
Es ist Medizin! Meine Rettung vor dem
Untergang! Die DEpression, will nie ruh'n!

Eigentlich wollte ich –
Kein Buch mehr verfassen!
Doch das Schreiben ist Therapie –
Ich kann es einfach nicht lassen!

Ob es mich nun –
~*happy*~ macht oder nicht
Es hilft, betäubt mein Leiden
Die Frage also relativ doch ist!

Fließt die Tinte –
So fühle ich, ich bin am Leben!
Schmerz und Kummer –
So halte ich dagegen!

Ich habe so vieles schon vermasselt!
Ja, wirklich total verbockt!
Auf falsche Pferde gesetzt!
Alles mit der letzten Karte verzockt!

HIMMELSKLEID

Der Himmel trägt sein –
Schönes blaues Kleid
Mit dem flockenartigen –
Wolkenmuster

Die Wolken ziehen sorglos,
in die Ferne der Zeit –
Über Berge,
Täler, Flüsse –
Übers Meer –
In solch grenzenloser Freiheit

Auch die Sonne strahlt –
Freudig und gutgelaunt,
so schaut sie herab
Sie lässt das Leben aufblühen,
Jahr für Jahr – seit jenem Tag

Und wenn der Sommer dann –
Wieder einmal zu Ende geht
Dann sehne ich mich und bekomme –
Fernes Weh, bis zum nächsten Frühjahr
Wenn alles wieder erwacht und neu
entsteht

TIERISCHES VERGNÜGEN
(Für die lieben Kleinen...)

Hummel, Mücke – Elefant
Der Hund, er
macht sein Häufchen an dem
Straßenrand
Biene, Bär – und ein Gorilla
Auf dem Pferd,
da reitet ein Kaninchen und es wird
noch immer schriller!

Flamingo, Moskito – Pavian
Sie fahren gemeinsam,
in einem Affenzahn –
Rauf und runter in der Achterbahn
Die Libelle und der Schmetterling
Die Raupe hüpft auf dem Reh –
Der Floh im Ohr, die Laus am Kopf
Hier ist was los – oh weh, oh weh!

Auch die Tauben und die Vögel
Noch dazu die Hähne sind mit von der Partie
Sie picken, ganz ohne Zähne –
Welch ein tierisches Vergnügen hier

DEIN

Mit deinen noch so kindlichen und so
liebevollen Augen-Blicken
So bringst du mir noch Zuversicht, als
könnte das Leben mich doch noch freudig
und charmant ganz neu verzücken!

Dein ehrliches, herzliches und so
strahlendes Kinderlachen –
Es lässt mich für jenen Augenblick; Welt,
Gesellschaft, Mensch – vergessen machen!

Deine kleinen anfänglichen Schritte –
Wie du versuchst Laufen zu lernen
Du mein so kleines, geliebtes
Menschenskind, wie du mein trauriges und
kaltes Herz doch erwärmst

Ich würde mir so sehr wünschen, dass all so
viele Jahre – mal für einen Tag stillstehen!
Du wirst größer und lernst –
Deine Schritte, deine Wege, deine Richtung –
selbst zu gehen!

Alles von mir mal bleibt –
Ist das, was ich dir so gerne schreib'

LITERARISCHES GEBET

Ich schreibe frei –
Nach Gefühl
Im warmen Sommerhauch,
mancher Moment so fein, doch kühl

Untertöne, sie heben doch –
Eine jede Feinheit mehr hervor
Ich fühle, ich lebe – gerade wieder jenes
Wort, Reime steigen empor

In mir strömt diese –
Unbeschreiblich-sprachliche Energie
Ich empfinde auch Dankbarkeit –
Lyrik, Poesie – des Wortes Magie

Ich bin manifestiert
In der Tiefe, vom Alphabet –
Im Kern verschmolzen
Mein literarisches Gebet

IN DENSELBEN TAG

Was ist wirklich mir –
Welch irdischer Besitz!?

Abgesehen von materiellem Gut –
Mein Körper, Gedanken
Gefühle, mein Fleisch, meine Knochen,
meine Haut und mein Blut!

Meine Überwindung, mein Fleiß
Mein Ehrgeiz, mein Ansporn –
Mein erbrachter Einsatz,
all mein ganzer Schweiß!
Meine Wunden, meine Narben –
Die ich auf Herz und Seele trage
Im Innern doch rote Farbe!
Auf der Haut aber, ich schwarz gern trage!

Sonne, Mond und Sterne
Blauer Himmel, ihn habe ich so gerne
Grau, trüb und nass, es auch etwas –
An meinem Gemüt, meiner Stimmung macht
Bei all des Lebens Rätsel
Die Lösung scheinen wir selbst
Doch nicht jeder hinterfragt, leben wir doch
alle aber – letztendlich in denselben Tag

ABTAUCHEN

Die Hände liegen sanft auf
Ich befinde mich in Sitzposition
Die Augen sind geschlossen –

Das Meeresrauschen vernehme ich schon...

Ich atme Meeresluft –
Und höre die Möwen über mir, welche dort
am blauen sonnigen Himmel fliegen
Ich atme tief ein
Achte auf meine Atmung –
Da ist sie ...
... die Brise, vom herrlichen Meeresduft

Die Hände liegen sanft auf
Ich befinde mich in Sitzposition
Die Augen sind geschlossen –

Das Zwitschern der Vögel vernehme ich
schon...

Ich atme die Luft des Waldes ein –
Und höre das Singen und Pfeifen der Vögel
über mir, in herrlicher Natur

Da ist frischer Sauerstoff
Ich sehe beim Blick in den Himmel,
das Grün der Blätter von den
Bäumen –
Ich atme tief ein
Achte auf meine Atmung
Ich halte inne…
… und ich halte fest an meinen Träumen!

GERADERÜCKEN

Mein ganzes Leben,
es ist nicht zu beneiden
Seit Anbeginn großgeworden mit.
Schmerzen und Wunden – schweres Leiden!

Ich lebe in dieser Welt
Ich habe so viele Fragen
Aufhören zu schreiben kann ich nicht!
Ich habe auch so viel zu sagen!

Ich bin das Erwachen –
Aus all unseren Träumen!
Jetzt bäume ich mich auf –
Ich möchte in der Realität aufräumen!

Ich suche Menschen die –
Ähnlich wie ich „ticken"!
Es wird Zeit, es Zeit,
lass die Welt mal wieder geraderücken!

Wenn Gedanken im Kopf –
Mal wieder ihre Runden drehen
Dann möchte ich mit beiden Füßen,
bitte gern – im Sand des Meeres Strandes
stehen!

PFERD & SEGEN (aus Blog an Gott)

Ich wünschte; ich würde sagen können:
„Ich bereue keinen Tag"!

Es ist egal
Wie das Ganze auch ausgeht!
Meinen Weg,
ich brachte ihn hinter mich!
Es ist egal
Wie es auch endet!
Meinen Weg,
nimmt niemand mir!
Meinen Weg –
Den bin ich gegangen!
Vom ersten Schritt an,
bis zum Standpunkt hier!

Ich suche Beistand bei dir –
MEIN LIEBER GOTT
Ich suche ihn nicht in der;
„Heiligen Christlichen Kirche" – in dieser
Klingelbeutelinstitution!
Schon gar nicht erst, beim „Menschen in
Gewand" – in scheinheiliger Person, seiner
anschaulichen „tollen" Religion!

Gott ich vertraue mich dir an!
Du kennst meine Dinge –
In aller Wahrheit ohne Zensur,
ich dir diese, meine – überbringe!

Gott, bitte lieber Gott –
Schenke mir Zuversicht, auch bei mancher
Sünde! Bitte stehe mir bei, als ob ich –
Zu meiner Stunde stünde!

Menschen reden und reden
Erzählen was vom – „Pferd und Segen"!
Schönes Gerede doch –
Daraus wird Geschwätz!

Letzten Endes hängt der Fisch –
Am Haken oder landet im Netz!
DANKE für deine Einsicht!
LIEBER GOTT! Dies weiß ich nun jetzt!

WELTRÄUMLICH

Neutral betrachtet
Also mal so gesehen –
Leben entsteht um
Dann doch wieder zu vergehen!

Der Mensch
Er wird geboren
Er wird manipuliert
Schlichtweg verführt, verdorben!

Lügen und Intrigen inszenieren
Probe und Verführung
Der Teufel an seinem Werk –
Sein Gefüge am Konstruieren!

Himmel und Erde
Was aus Welt noch werde?
Katastrophen, Kriege –
Seuchengebiete!

Gott hast du weltweit –
Welträumlich – große Gnade!?
Ich suche nach dir im Leben,
für die Antwort meiner Fragen!

KEINE FRAGE

Es tut mir leid – Es tut mir wirklich, sehr leid
Warum ich dir auch nun,
diese Zeilen hier schreib‘

Wenn du mal fragst –
Nach Mamas und Papas „Geschichten aus
dem Leben" und es wird nicht allzu viele –
gemeinsame geben…

… dann sage ich dir hier zum Trost
Mit aller Liebe, mit meinem –
HERZSCHLAG im Detail
Lebe dein Leben und schreibe deine Eigene

Wir sind immer für dich da
Keine Frage, dies ist klar!
Das Leben verläuft manches Mal –
Kompliziert – anders als gedacht, als geplant

Gestalte dein Leben, schreibe deine
Geschichte – ICH LIEBE DICH MEIN KIND
Bei allem was mir im Leben wichtig war –
Von deinem ersten bis zu meinem letzten
Lebensjahr!

MÄUSETANZ (Kindertext)

Als ich letztens am Spielplatz war –
Mit meiner Kleinsten, Jüngsten, da –
Rannte eine Maus im Kreis
Dies ging tatsächlich viele Minuten lang –
Ich schaute mir das Mäuseschauspiel an

Und ich denke schon so oft,
ich sei ein wahrer Zeitverschwender –
Ein viel zu tiefgründiger und ewig langer
Nachdenker –
So habe ich vorher nicht besser gewusst –
Meine Zeit teil ich doch sinnvoll ein, es wird
mir gerade doch an dieser Maus bewusst!

Ich frage mich nun;
„Ob die Maus wohl weiß, dass sie sich dreht,
Minuten lang schon im Kreis"!?
Sie dreht sich um sich selbst herum!
Und ich frage mich wahrlich bloß warum!?
Versucht sie sich zu beißen in den Schwanz?
Sie macht einen wahren Mäusetanz!

Die Maus ist flink und flitzt wie geführt auf
Schienen, sie dreht sich ständig um sich
selbst herum – ich philosophiere; frage mich

„Bekommt sie denn nicht einen" –
„Drehwurm"!?
Merkwürdig und seltsamerweise –
Dreht die Maus im Sand so ihre Kreise
Bleibt an Ort und Stelle und macht sich nicht
auf ihre weitere Entdeckungsreise!

Läuft sie denn vielleicht einen Marathon?
Solche Gedanken mach ich mir –
Oh, weia! Ja, soweit ist es bei mir schon!
Ich spinne herum und mache mir Gedanken
Die Maus läuft im Kreis und auf keine
Flanken!

Während meine Kleine, Jüngste
Freudig doch so gerne schaukelt –
Und mich anlächelt, muss ich ständig doch –
Zu der Maus im Kreis herüberschauen!

Langsam glaube ich zu wissen was mir
geschieht –
Allmählich, aber sicher – ich auf den Spuren
bin von jenem Sprichwort, welches mir
durch die Gedanken zieht;

Die Maus ständig rennt in ihrem Kreis –
„ob Sie sich in ihr Schwänzchen beißt"!?
Daher kommt wohl das Sprichwort, so kann
ich mir dies erklären!

Ich rätsele und philosophiere
Gar recht spannend ist`s mit dem Mäusetier

Meine Kleine, Jüngste schnallte ich dann
wieder fest im Wagen –
Denn wir wollten wieder, mittags Richtung
heimwärts traben

Ein letzter Blick zu dieser Maus –
Nein, sie ist da nichts am Vergraben
Gedanken werde ich mir wohl noch machen,
heute, morgen und in den nächsten Tagen…

JOHN AUS LUXEMBURG

An diesem einen Sommertag –
Da ging ich durch die Straßen
Gesetztes Ziel, es war die Oberstadt
Am ~Pilgrimstein-Aufzug~ angekommen
schon

In Gedanken wie ich denn,
zwecks Bühnenauftritte Kontakte knüpfe,
da sitzt am Rand des Gebäudes mit Gitarre –
Ein Mann namens John

Ich erfuhr seinen Namen,
denn ich sprach ihn direkt an
Musik verbindet ungemein!
Wir redeten ein paar Minuten lang!

Beladen doch gerade selbst, mit
Gedanken und Problemen war ich –
Doch als er mir von sich erzählte,
da verfiel ich gleich auch innerlich;

In eine Art Trance alter Zeiten
Seine Geschichte –
Gar fast schon ist,
nur fast, mit meiner zu vergleichen!

Er ist neu in der Stadt, erzählte er mir
Ein Wort ergab so auch das andere
Wir tauschten Nummern aus, er hatte nur
Gitarre, Mütze, Leben am Leib – ganz
seltsam war es mir

Die Auffassung und sein Lebensstil
Wie ähnelte er mir –
Meine Probleme waren plötzlich,
einen Moment lang so nichtig!

Ich wollte ihm so gern auch helfen
Kennen wir uns auch erst „flüchtig"
Doch helfen in gesellschaftlicher
Menschlichkeit, empfinde ich für doch so
wichtig!

Ich gab ihm auf dem Weg –
Noch die Infos von all den
Bühnenauftrittsmöglichkeiten mit
Ich hoffe wir machen mal zusammen Musik

MELODIEN

Diese bewundernswerte Kraft
Diese strömende Energie
Rhythmus und Melodie –
Die Lyrik dazu, Gedicht und Poesie

Wo Worte nicht mehr erreichen –
Da übernimmt die Melodie
Schrift, Wort, Musik –
Leben, das ist Lebensgefühl!

Es gibt Melodien
Die man das erste Mal hört –
Und diese,
reißen einen direkt –
In eine andere Zeit zurück
In aufbewahrte,
verschüttete Erinnerungen

Es ist so magisch dieser Moment, dieser
kurze Augenblick, Bruchteile von Sekunden,
sie versetzen einen in eine Zeit zurück von –
Vor Jahren, Monaten, Wochen, Stunden

DIE BIENE, HONIG MACHT

„Tick-Tack" – „Tick-Tack"
Tick-Tack macht die Uhr
Aus 12 Monaten besteht ein jedes Jahr
Im Winter fällt Schnee, der Sommer ist warm

Im Kreis, da tanzt watschelnd,
der Pinguin
Im Meer, dem blauen, schwimmt
der Delphin

Der Fuchs streift –
Durch sein Revier im Wald
Dem Eisbären ist's –
Im frostigen Eis nicht zu kalt

„Psssssttt" und „Kieks"
So die Biene lacht –
Sie sammelt fleißig Blütenstaub
Und Honig sie macht

„Grrr" macht der Bär
„Brrr" macht das Pferd
„Grugru" macht die Taube
Zum Schmetterling wird die Raupe

NR. 16 IN KAPITEL 4

Ich schaute nun, vor diesem Text –
Auf mein Kapitelverzeichnis
Anzahl pro Kapitel,
habe ich mir nämlich gesetzt!
Irgendwas zwischen –
Depri, lustig und dazwischen – schreiben
Jetzt scheine ich in ein,
Vermischen hineinzutreiben

Ich höre tief in mich hinein
Im Augenblick –
Gerade in mein Gemüt
Tatsächlich irgendwo dazwischen –
So werde ich diesen Text –
Als 16, dem 4. Kapitel untermischen!

Denn auf Lachen, folgt bekanntlich,
so dann das Weinen!
Geht die Freude also aus hier –
Kann ich einfach traurig weiterschreiben!
So ist dies der Text Nr. 16 in Kapitel 4
Sagt der Text auch nichts aus –
Es macht überhaupt nix! Dies machen
nämlich Politiker/innen im Lande,
ständig hier!

VOM HAUS AUS

Speziell oder brillant!?
Es kommt auf die Optik an!
Schrill oder schlicht!?
Es liegt in; „Auf der Dinge Sicht"!

Hoch, tief, sperrig, massiv
Dauerwelle, Feuerstelle –
Los mach mal hin!
Jetzt auf die Schnelle!

Dies hier ist für mich
Entspannungsliteratur!
Jeder Reim in seiner Form –
Feststeckt er in der Kontur!

Sterne leuchten, doch sie bräuchten,
wären sie elektrisch ausgestattet –
Akku! Batterie! Auch Trafo-Station!
Doch funkeln ohne, vom Haus aus, oben
betrachtet!

Mondlicht, Sonnenstich
Bienenstich und Brücke bricht
Kerzenschein und roter Wein
So fein das Ende, von diesem Reim!

MIT DEN STRICHEN

Die Zeiger ticken stetig
Unsere Spuren die wir laufen
Wir beginnen, wir beenden –
Drehen Runden mit gelegentlichen Pausen

Des Lebens Linien
Und auch Strukturen
Festgehalten mit den Strichen
Auf unseren Lebensuhren!

Wieder mal einen Text geschrieben
Höhenflug im Wörterrausch
Ein kleines Expose –
Von meinem Sprachgebrauch

Meine wahre Berufung –
Diese ist doch wahrlich nur
Buchstabe, Wort, Satz um Satz –
Kurz: L I T E R A T U R

Meine Linie, meine Schnur
Mein roter Faden –
Schreiben, Worte verfassen
Bis hin zu meinen letzten Tagen!

MONSTERHAFTE FRATZEN

Existenzielle Sorgen –
Die den Tag versauen!
Schon beim Erwachen,
im Morgengrauen!

Das Gespenst und Monster,
„Gesellschaftlicher Untergang"
Es treibt zum sozialen Abstieg!
Gossentod oder ein Neuanfang!?

Da sind regierende albtraumhafte –
So ganz, abscheulich grässliche Kreaturen,
auf den politischen Ebenen, Rängen,
Instanzen, sie drehen sich rund um unsere
Uhren!

Diese Menschen einer Regierung,
sie sind wahre monsterhafte Fratzen!
Sie bringen uns Armut mit ihrem Reichtum!
Staatstheater auf unsere Kosten, ihre Faxen!

Es sind ekelhafte und schleimige –
So hässlich abartige Wesen!
Kassieren uns ab – für deren Taschen –
Und sie tun so, als wäre nix gewesen!

SATANS KRALLEN

Sie sind der Macht, der Gier –
Dem Teufelswerk verfallen!
Führen Kriege, bringen Tode!
Sind gefangen in des Satans Krallen!

Mord und Lügen –Sie schmieren mit
Intrigen, so bittersüßen
Verleihen Medaillen für „Tapferkeit"
Manipulieren uns, welch Dummheit!

Spiel um dein Leben
Auf dem weißen Teppich –
Färbt er sich blutrot –
Ist ein Plan wieder mal fertig!

Der Teufel auf Seelenjagd!
Lebenslange Mission –
So viele verlorene Seelen,
krallte er sich seit je her schon!

Er spielt mit den Menschen,
spielt sie gegeneinander aus!
Diese Preise sahnt er ab!
Gewinnt Seelen, löscht somit Leben aus!

Der Teufel ist schon lange da!
Seine Ankunft, manifestiert in jedem Raum!
Neid, Missgunst, Missempfinden –
Er belebt das Böse, wir sind die Blinden im
Vertrau'n!

Der Teufel, er treibt
Sein übles Spiel!
Mit Bestechung, Verführung –
Mit „nie genug"!
Mit Gewinn, wie eine dämonische Lotterie!

Ich habe keine Furcht
Seinen Namen – Mephisto – auszusprechen!
Denn ich bin Gottes Seite anvertraut,
verankert!
Festverwurzelt – diesen Bund wird niemals
jemand im Leben brechen!

Schlusswort: ZWONULLZWOEINS
Dieses Buch entstand im Sommer 2021

Gedanken im Kopf sortieren!
Augenmerk aufs Ziel gerichtet –
Ich spüre einen frischen Hauch
Und nun wird neu gedichtet

Alles was war, kann ich nicht vergessen
machen! Doch ich muss, denn es wird Zeit –
Das Hassen endlich für ein und allemal
loszulassen!

Fehlschläge geschehen
Alles was ist, ist passiert!
Doch es bleibt Zeit zum Anders-Leben
Mein Hirn, es hat´s endlich kapiert!

35 Jahre, hinter mir liegt –
Schutt und Asche
Einmal, noch ein Grund mehr,
um mich nun auf meinen Weg zu machen!

Depressionen und Zweifel –
Sie kicken mich aus der Bahn!
Dann ballere ich meine Texte!
Und weiter geht's mit meinem Plan

Altbekannte Schritte
Auf den so, altvertrauten Wegen
Ich bin auf den alten Schienen!
Doch ich halte dagegen!

Christian Hofmann, geb. 5.3.1986 in Biedenkopf bei Marburg.

Vielen Dank an alle Menschen, die sich für dieses Buch entschieden und bislang auch schon Bücher aus meiner Reihe gelesen haben.

Neues Material ist derzeit in Arbeit...
Marburg im Sommer 2021

Bonus-Material:
Aus dem Sammelwerk

Schlummerfunktion
Buchmesse 2019 - Erinnerung
Wolkenbilder

SCHLUMMERFUNKTION

Jeden Morgen, wenn der Handywecker
Aufs Neue immer wieder rappelt
So dann, Realität und Traum
Schlag auf Schlag, aufeinander prasselt

So gönne ich mir nochmal in dieser,
fiesen und unschönen Situation
5 Minuten mit der Auswahl, der
integrierten Schlummerfunktion

Für 5 Minuten dann nochmal so,
herrlich fein die Augen, ich schließ
Und kehre zurück an die Stelle meines
Traumes, ich dort verschmelze,
in diesem Paradies

Nach diesen 5 Minuten ich dann erwach
Stelle fest mit jeglichem Verdruss
Die Zeit vergeht, ich nun aufstehen muss!
So überkommt mich schon morgens früh,
nicht sanft, frech und provokant der erste
Frust

Mit großer Abscheulichkeit,
so stehe ich dann auf
Denn viel über bleibt mir ja nicht
Meine Laune, die ich trage, nehmt ihr mit in
Kauf! Schließlich aus dem Schlaf gerissen,
für euch, bin ich ja auch!

Dann der erste frische Kaffee am Morgen
Vertreibt Ungeheuer, schreckliche
Gespenster –
In Gestalt von Aufsteh-Qual -und Sorgen
So kommt der Laune-Pegel, doch auf
neutral,
denn ich weiß ja mittlerweile, so ist es nun
Morgen für Morgen, schon seit Jahren –
Eigentlich also schon, ganz normal!

BUCHMESSE 2019 – Erinnerung an FRANKFURT AM MAIN

Das, was ich habe gemacht
Habe ich im Sommer noch nicht gedacht –
Dass ich es denn machen könne,
mit Ersparnis zur Buchmesse – ich es mir nu gönne

So sammelte ich vom August
Bis zum Herbst, lange hin –
Jede Menge Flaschen- und auch Dosenpfand
Kaufte das Ticket am Fahrkarten-Automat,
sitze nu im Zug drin

Mit einer riesigen Freude, dass die –
Buchmesse stattfindet
So bin ich auf dem Weg nach Frankfurt am Main
Wo am Bahnhof meine Fahrt zunächst einmal endet

Dann geht's vom Bahnhof in Richtung Messeturm, Messegelände –
Wo es heißt; „Die Tore sind geöffnet"
Bücherfans, strömende Menschenmenge

So fuhr ich im Herbst 2019 mit der Bahn
Abfahrt Bahnhof: Marburg an der Lahn
Die Reise ging nach Frankfurt am Main
Um Als Autor meines Buches auch dabei zu
sein

Ich fuhr also von den Einnahmen meiner
Pfandflaschen – und vom Alu-Dosen-Geld
In die Metropole Hessens, zur Buchmesse –
Wo ein jeder Autor, sein Buch ausstellt

Nicht dass ich geizig wäre für ein Zugticket –
Nein, aber ich dachte mal ans Vergnügen –
Wie einsam die Dosen
Und auch die Flaschen auf den Straßen sind,
wie verlorene Rosen,
die bei ihrer Verwendung doch stets
aufblühen!

Flyer, Visitenkarten, Leseproben –
Doch fleißig am Tag verteilt
Geht's freudig zurück zum Bahnhof,
zurück nachhause, Momente sacken
während der Reisezeit

So viele Menschen, so viele Eindrücke
So viele Bücher und Buchseiten
Freudige Gesichter, all die Entzückten
Es waren herrliche Zeiten

So geht's nun wieder zurück vom
Hautbahnhof,
hier in Frankfurt am Main –
Ins nicht weitentfernte Marburg an der Lahn
In die Stadt, wo ich wohne, lebe –
da bin ich daheim

Schön war dieser Ausflug, leider ist er ja –
Nur einmal im Jahr
Welch ein Anblick doch immer wieder, so
viele
Menschen und Bücher, doch sind da

WOLKENBILDER

Wolkenbilder sind schon
Eigenartig
Erscheinen mir magisch –
Manches Mal sogar gruselig

Muster die entstehen
Dann wieder vom Wind verwehen
Imposant und überwältigend
Abstrakt und so wuselig

So bestaune ich den Himmel
So vermischte Farbenpracht

Manches Mal ist er so
Gcheimnisvoll
Mystisch

Als ob der Himmel –
Wenn man genau hinschaut
Botschaften sendet und diese ganz,
still und so leise mitteilt